우리에게도
인권이 있을까?

우리에게도 인권이 있을까?

문미영 글 | 김언희 그림
처음 펴낸날 | 2018년 9월 6일
4쇄 펴낸날 | 2022년 5월 20일
펴낸이 | 박봉서
펴낸곳 | (주)크레용하우스
출판등록 | 제5-80호
주소 | 서울 광진구 천호대로 709-9
전화 | (02)3436-1711
팩스 | (02)3436-1410
홈페이지 | www.crayonhouse.co.kr
이메일 | crayon@crayonhouse.co.kr

ⓒ 문미영, 김언희 2018
이 책에 실린 글과 그림은 무단 전재 및 무단 복제할 수 없습니다.

ISBN 978-89-5547-610-1 73810

이 도서의 국립중앙도서관 출판시도서목록(CIP)은 서지정보유통지원시스템 홈페이지(http://seoji.nl.go.kr)와
국가자료공동목록시스템(http://www.nl.go.kr/kolisnet)에서 이용하실 수 있습니다.(CIP제어번호: CIP2018026875)

우리에게도
인권이 있을까?

문미영 글 김언희 그림

크레용하우스

작가의 말

　인권. 사람이라면 태어나면서부터 누구나 자연스럽게 가지는 권리예요. 다른 사람이 함부로 빼앗을 수 없죠. 하늘로부터 부여받은 권리라는 뜻에서 '천부 인권(天賦人權)'이라고 불러요.

　이렇게나 귀하고 소중한 인권, 여러분의 인권은 '안녕'(걱정 없이 무탈한 상태)한가요?

　고백하자면 제 인권은 안녕하지 못했어요. 인권에 대해 제대로 몰랐거든요. 인권이라는 단어도 알고 의미도 알고 있었지만 실제 제 생활 속에서 인권은 대단히 낯선 존재 같았어요.

　성별 혹은 종교, 신체적인 특징 때문에 차별하는 경우를 보면서도 안 보이는 척, 모르는 척 그 차별을 자연스럽게 받아들였지요. 다른 사람의 인권에 대해 무감각해지다 보니 어느새 제 스스로의 인권조차 소중히 생각하지 못했답니다.

　지금 저는 저와 소중한 이들의 인권을 지켜 내기 위해 고군분투 중이에요.

어린이 친구들, 여러분의 인권 그리고 가족 및 친구의 인권을 생각해 보세요.

우리의 인권은 안녕한가요? "예"라는 대답보다는 "아니요" "글쎄요"라는 답이 더 많을 거예요. 우리의 주변에서 다양한 종류의 차별과 인권 침해가 많이 일어나기 때문이죠. 인권을 보호하기 위한 제도와 법이 마련되고 있지만 정말 그것만으로 충분할까요?

인권에 대해 알아 갈수록 인권은 가만히 멈춰 있는 단어가 아닌 함께 힘을 합해 움직여야 빛이 나는 단어 같아요. 우리 스스로가 인권에 대해 고민하고 지켜 낸다면 상처받는 사람 없이 모두가 행복할 수 있지 않을까요?

세상의 주인인 어린이 여러분, 우리에게는 그럴 힘과 권리가 있어요!

2018년 가을
문미영 이모가

차례

1장 첫 번째 취재, 전교 어린이 회의

첫 전교 어린이 회의   10
우리의 권리가 무엇일까?   23

취재 수첩   29
인권이란 무엇일까? / 인권은 언제부터 중요하게 여겨졌을까? / '세계 인권 선언'은 무엇일까? / 인권은 어떻게 성장하고 발전했을까? / 어린이도 인권이 있을까?

2장 두 번째 취재, 성별이 뭐가 중요해?

남자 대 여자   36
여자답게? 남자답게?   42

취재 수첩   50
'차이'와 '차별'은 뭐가 다를까? / 지금도 여성 차별이 있어? / 과거에는 어땠을까? / 여성 인권을 지키기 위한 제도가 있어? / 페미니스트는 뭐야?

3장 세 번째 취재, 다르지만 똑같아

시위 현장   56
보이지 않는다고 없는 게 아니야   62

취재 수첩 69

장애인의 인권은 무엇일까? / 장애인의 인권 침해는 얼마나 심각할까?
장애인 인권 보호를 위해 어떤 노력을 하고 있어? / 장애인 복지와 인권을
위한 기관도 있을까?

4장 네 번째 취재, 피부색이 달라도 우리는 친구

슬픈 제보 74
인권 침해인 줄 몰랐어 80

취재 수첩 86

인종 차별은 무엇일까? / 과거에도 피부색으로 인한 차별이 있었어?
마틴 루터 킹이 누구야? / 우리는 어디서 도움을 받을 수 있을까?
국제앰네스티를 알고 있니?

5장 자람 어린이 신문

마지막 신문부 회의 92
오늘의 신문 101

부록 생각이 톡톡!

등급에 의한 차별 106
정보화 사회 인권의 문제 108
전쟁 없는 세상에서 살 권리 110

1장 첫 번째 취재,
전교 어린이 회의

첫 전교 어린이 회의

"우아. 정말 많이 모였네?"

자영이는 회의실에 모인 자람 초등학교 학생들을 보고 깜짝 놀라 입이 벌어졌다. 그러고는 회의실 풍경을 카메라로 바쁘게 찍으며 돌아다녔다.

"나는 이 정도로 많은 학생들이 학교 일에 관심 있을 거라고 생각 못했어."

현수도 놀란 눈으로 회의실을 둘러봤다.

"무슨 말씀! 학교 일이 아니라 학교의 주인인 우리 일이지. 그러니 당연히 학생들이 참여해야 하고."

학생 회장이 된 박장군 선배가 현수에게 반갑게 말을 걸었다.

"형, 오늘 오십 명도 넘게 온 것 같아요."

현수 말에 박장군 선배가 웃음을 보였다.

"조마조마했는데 정말 다행이야. 사실 몇 명 안 오면 어떻게 하나 엄청 불안했거든."

박장군 선배는 뿌듯한 표정이었다.

오늘은 박장군 선배가 학생 회장이 된 후 처음으로 전교 어린이 회의가 열리는 날이었다. 박장군 선배는 어린이 회장 선거에서 자람 초등학교에 다니는 학생이라면 누구라도 전교 어린이 회의에 참석해 의견을 낼 수 있도록 하겠다고 약속했다. 그리고 전교 회장에 당선되자마자 '자람 초등학교에 다니는 학생이라면 모두 전교 어린이 회의에 참석할 수 있다'는 안내문을 층마다 붙였다.

현수도 이 안내문을 여러 번 보았다. 하지만 학생들이 크게 관심 두지 않을 거라고 생각했다. 또한 회의는 방과 후에 진행되기 때문에 학생들이 더더욱 쉽게 참여할 수 없을 거라고 예상했다. 대부분 학생들은 방과 후에 학습지를 하거나 학원에 가야 했기 때문이다. 현수 역시 박장군 선배를 좋아하는 자영이 등쌀에 못 이겨 마지못해 참석한 거였다.

하지만 현수의 예상은 보기 좋게 빗나갔다. 회의실에 앉을 자리가 모자랄 정도로 많은 학생이 모였기 때문이다.

"예전 같았으면 전교 어린이 회의가 언제 어디서 하는 줄도 몰랐을 텐데."

현수가 신기한 듯 말했다.

"그러게. 박장군 오빠는 볼수록 정말 대단한 것 같아! 학생들과의 약속을 지키려 노력하는 것도 멋져!"

사진 촬영을 마친 자영이가 교탁 앞에 선 박장군 선배를 반짝이는 눈으로 바라보았다.

"안녕하세요. 학우 여러분, 학생 회장 박장군입니다."

박장군 선배가 마이크를 잡고 인사했다. 웅성거리던 학생들이 조용해졌다.

"먼저 전교 어린이 회의에 참석해 주셔서 진심으로 감사드립니다. 오늘 전교 어린이 회의 주제는 '행복한 학교 만들기'입니다. 행복한 학교를 만드는 데 우리에게 어떤 것이 필요한지 다양한 의견을 자유롭게 이야기해 보는 시간이 됐으면 합니다. 고맙습니다."

박장군 선배가 마이크를 내려놓자 학생들이 서로 눈치를 보며 주변을 살폈다. 처음으로 전교생이 함께하는 어린이 회의라는 말에 참석했지만 적극적으로 참여하고 발표할 생각까지는 하지 못한 듯했다.

학생들이 눈치만 볼 뿐 말이 없자 박장군 선배는 다시 마이크를 잡았다.

"어렵게 생각할 게 전혀 없어요. 재미있는 학교가 되기 위해 '이런 건 없어졌으면 좋겠다' 혹은 '이런 게 생겼으면 좋겠다'고 자유롭게 말씀해 주시면 됩니다."

박장군 선배의 설명에 몇몇 학생들은 고개를 끄덕이며 생각에 빠졌다.

그때 회의실 뒤쪽에 앉아 있던 한 남학생이 번쩍 손을 들었다. 학생회 임원이 학생에게 재빨리 마이크를 가져다주었다.

"저는 5학년 3반 조관우입니다. 행복한 학교생활을 위해 선생님이 숙제를 조금만 내 주셨으면 좋겠습니다. 저희에게는 재미있게 놀 권리가 있으니까요."

관우가 장난스럽게 말한 후 마이크를 내려놓았다.

"오, 멋지다."

"맞아요. 학생들에게 재미있는 학교가 되기 위해서는 일단 숙제부터 없어져야 해요."

 학생들은 박수를 치고 휘파람을 불며 관우 의견에 응원을 보냈다. 회의를 참관하러 온 선생님들은 어처구니없다는 듯 고개를 좌우로 저었다.

 그때 앞줄에 앉아 있던 여학생이 손을 들었다.

 "5학년 1반 태수정입니다. 숙제는 우리들의 학업을 위해 꼭 필요한 거예요. 무조건 없애는 건 말이 안 된다고 생각해요."

 수정이 말에 회의를 지켜보던 선생님들은 고개를 끄덕거렸다.

환호를 보내던 학생들이 다시 웅성거리자 박장군 선배가 마이크를 잡았다.

"저는 태수정 학생의 의견도 조관우 학생의 의견도 모두 옳다고 생각합니다. 학업을 위해서는 숙제가 필요하지만 숙제가 너무 많으면 제대로 쉴 수 없으니까요. 하지만 숙제는 우리의 의견만으로 없앨 수 있는 게 아닙니다. 각 학급 선생님들의 권한이지요. 이번 회의에서는 우리 학생들의 힘으로 바꿀 수 있는 것들에 대해 말씀해 주셨으면 합니다."

박장군 선배 말에 학생들은 다시 생각에 잠겼다. 그러고는 활발하게 여러 학생이 손을 들었다. 박장군 선배는 가장 빨리 손을 든 학생에게 발언권을 주었다.

"4학년 1반 박은지입니다. 요즘 문구점에서 불량 식품이나 몸에 해로운 제품을 판매하는 일이 많습니다. 얼마 전에 용돈을 모아 '액체 괴물'을 샀습니다. 하지만 엄마가 액체 괴물에 가습기 살균제 성분이 들어 있다는 뉴스를 보자마자 뜯지도 않은 장난감을 그대로 버리셨습니다. 몸에 해롭다는 걸 알았다면 안 샀을 텐데. 돈이 아까웠습니다. 문구점에서 나쁜 성분이 있는 건 팔지 못하게 해야 한다고 생각합니다."

"액체 괴물에 가습기 살균제 성분이 있다고?"

"어떤 건 있고, 어떤 건 없대."

"진짜? 나도 몇 개 있는데."

은지 말에 학생들이 웅성거렸다.

"정말 좋은 의견입니다. 학생들이 자주 가는 학교 앞 문구점에서 해로운 물질이 들어 있는 걸 판매하면 안 되죠. 우리들은 건강한 환경에서 공부하고 생활할 권리가 있으니까요. 이 문제를 학생회 선생님들과 이야기한 뒤 학교 주변에서 몸에 해로운 물건을 판매하지 못하도록 하는 방법이 있는지 찾아보겠습니다."

박장군 선배 말에 학생들은 박수를 보냈다. 은지는 환하게 웃음 지었다.

"또 다른 의견 있으신가요?"

학생들은 너도나도 손을 들기 시작했다.

"5학년 3반 오창민입니다. 요즘 공사 때문에 운동장을 마음대로 사용하지 못하고 있습니다. 즐겁게 뛰놀지 못하는 학교가 행복하고 재미있는 학교일 리 없습니다. 행복한 학교생활을 위해 운동장을 자유롭게 쓸 수 있도록 해 줘야 합니다."

"맞습니다. 우리에게는 축구를 할 권리가 있어요!"

창민이 의견에 학생들이 박수를 보냈다.

최근 자람 초등학교는 교문 쪽 진입로 확장 공사를 하고 있다. 그래서 체육 시간에는 공사장에서 멀리 떨어진 운동장 일부분만 사용할 수 있고, 방과 후에는 운동장을 아예 사용할 수 없다. 언제쯤 공사가 끝난다는 설명도 없이 운동장을 사용하지 못하니 학생들 사이에서 불만이 끊이지 않았다.

"운동장을 자유롭게 사용할 수 있도록 해 달라는 의견이죠?"

박장군 선배가 되묻자 창민이는 고개를 끄덕였다. 그때 옆에서 보고 있던 선생님이 할 말이 있다는 듯 손을 들었다. 선생님이 자리에서 일어나 마이크를 잡자 학생들이 조용해졌다.

"운동장 문제는 너희가 시멘트를 밟아 공사를 망칠까 봐 그러는 거야. 통학로 공사는 무척 중요하니까 공사가 끝날 때까지만 불편해도 참아."

선생님 설명에도 학생들은 볼멘소리를 냈다.

"운동장은 학생들이 뛰놀 수 있도록 만들어 놓은 거잖아요. 대체할 방안도 없이 무조건 사용하지 못 하게 하면 안 되죠."

"맞아요. 공사를 밤에 하거나 분리대를 설치하면 되잖아요."

"학생을 위해 만든 공간은 학생이 잘 사용할 수 있도록 해 줘야 해요."

"운동장 사용을 막는 건 우리 권리를 침해하는 거예요."

학생들 말에 선생님은 못 말린다는 듯 한숨을 내쉬며 고개를 저었다.

결국 박장군 선배가 나섰다.

"공사 중으로 인해 막아 놓은 곳 외의 공간은 사용할 수 있을지, 다른 공간은 안전한 것인지 학교 측에 의견을 구하겠습니다. 안전이 가장 중요하니까요. 학교 의견을 구한 뒤에 결과는 따로

공지하겠습니다."

박장군 선배 말에 학생들은 박수를 보냈다. 오늘 어린이 회의는 의견을 모으는 자리일 뿐 문제점을 당장 해결하는 자리가 아니라는 것을 이해했기 때문이다.

"또 다른 의견이 있다면 말씀해 주세요."

"6학년 2반 오지은입니다. 고학년 여학생을 위한 탈의실이 필요해요. 체육복 갈아입을 때 불편한 게 너무 많아요."

지은이 말에 남학생들이 야유를 보냈다.

"여학생 탈의실을 만들면 남학생 탈의실도 만들어 줘야 해요."

지은이 의견은 남자 여자로 나뉘어 다른 반응을 보였다.

처음으로 전교 어린이 회의에 참석한 학생들은 시간 가는 줄도 모르고 다양한 의견을 발표하며 회의에 참여했다. 회의는 애초 예상 시간이었던 네 시를 한참이나 넘긴 오후 다섯 시 반이 되어서야 끝이 났다.

우리의 권리가 무엇일까?

"정신이 하나도 없다. 안건이 너무 많이 나와서 장군 오빠도 머리 아플 것 같아."

신문부 회의실로 돌아온 자영이가 말했다.

"오늘 회의 내용을 다 기사로 써야 하나? 안건이 너무 많기도 하고, 또 어떤 건 좀 장난스럽기도 하고."

현수가 취재 수첩을 정리하며 고개를 갸웃했다.

"오늘 회의 내용만으로 기사를 쓰는 건 재미없을 것 같은데? 회의에 참여한 학생들은 다 아는 이야기잖아."

회의실에 앉아 자료를 정리하던 새로운 편집장이 말했다. 5학년 진수 선배는 최근 자람 어린이 신문 편집장에 당선됐다. 겉보기에는 말이 없고 침착했지만 신문을 만드는 일에 있어서는 누구보다 열정적이었다. 그런 모습에 신문부 기자 전원은 만장일치로 진수 선배를 편집장으로 뽑았다.

"맞아요. 회의 내용을 그대로 쓰는 건 회의록이지, 기사라고 볼 수 없겠죠."

자영이가 사진을 정리하며 말했다.

"결국 학생들이 원하는 건 '우리들의 권리가 지켜지는 학교'였던 것 같아."

현수 말에 자영이가 고개를 끄덕였다.

'운동장에서 뛰노는 것', '학교 주변에서 몸에 해로운 상품을 팔지 않는 것', '마음 편안히 옷을 갈아입는 것' 등은 모두 학생의 기본적인 권리에 대한 의견이었다.

"나는 오늘 회의에서 들은 말 중 '어린이 인권'이라는 말이 가장 기억에 남더라."

"어린이 인권?"

자영이 말에 편집장이 낯설다는 듯 되물었다.

"인권이라는 게 인간이 인간답게 살기 위해 당연히 가지는 기본적인 권리잖아요."

"응. 그렇지."

"어린이도 어린이답게 살기 위한 권리가 필요하다는 말에 귀가 번쩍 뜨이더라고요. 그게 바로 어린이 인권을 이야기하는 게 아니겠어요? 그동안 인권에 대해 생각해 본 적이 없어서 그런지 신기하고 새로웠어요."

"정말 그렇네."

편집장은 고개를 끄덕였다.

"운동장에서 뛰노는 것도 어린이 인권일까요?"

현수가 신기하다는 듯 물었다.

"인권은 분명 우리에게 꼭 필요한 것이고 제대로 알아야 우리 스스로를 지킬 수 있는 것이겠지. 그렇게 중요한 것인데 반해 우리가 인권에 대해 아는 건 별로 없는 것 같아."

편집장 말에 현수와 자영이도 동의했다.

"좋아. 자영아, 우리 이번 호 취재 주제를 인권으로 하는 게 어떨까?"

현수가 자영이에게 말했다.

"나도 같은 생각이야. 재미있을 것 같아."

자영이가 웃어 보였다.

"인권이야말로 행복한 학교생활을 위해, 더 넓게는 우리가 살아가는 데 있어서 반드시 필요한 것이지. 현수와 자영이 이번 기사 엄청 기대되는데?"

편집장 말에 현수와 자영이는 눈빛을 주고받았다. 이번 호 1면 특종은 자신있다는 표정이었다.

"우선 인권에 대한 공부부터 해야 할 것 같아. 잘 알아야 더 많이 보일 테니 말이야. 그리고 주변에서 벌어지는 다양한 인권 침해 사례도 취재해 보자."

"우리가 그동안은 몰랐지만 학교 안에서 벌어지는 인권 침해 사례도 많을 것 같아. 제보를 받아도 좋겠다."

"오, 좋은 생각이야."

현수와 자영이 말에 편집장이 엄지손가락을 치켜세웠다. 그러고는 말을 이었다.

"인식하지 못했던 우리 주변의 인권 침해에 대해서도 취재해 봐. 사회적인 문제점도 찾아보고."

"편집장, 이번 신문부 회의 때 다른 기자들과 함께 인권에 대한 다양한 취재거리에 대해서 이야기해 보면 어때요? 더 많은 이야깃거리가 나올 것 같아요."

"이러다 정말 신문 1면을 너희 둘이 차지하는 거 아니야? 나도 분발해야겠는데!"

"당연하죠."

"긴장하세요."

현수와 자영이가 자신만만한 미소를 보였다.

취재 수첩

* 인권이란 무엇일까?

　인간은 누구나 태어나면서 성별, 국적, 인종 등과 관계없이 존중받으며 인간답게 살 권리를 가져. 그걸 인권이라고 해. 인권은 다른 사람이 함부로 빼앗을 수도, 다른 사람에게 넘겨줄 수도 없어. 태어나면서 누구에게나 자연적으로 주어지는 권리지. 인간으로서 존엄성을 지키기 위한 기본적인 권리라고 할 수 있어.

* 인권은 언제부터 중요하게 여겨졌을까?

　인권을 보호해야 한다는 생각은 두 번의 세계 대전을 겪으면서 생겨났어. 1914년에서 1918년까지의 제1차 세계 대전과 1939년에서 1945년까지의 제2차 세계 대전을 겪으면서 수많은 사람이 희생됐어. 총과 칼에 인간의 존엄성이 무참히 짓밟혔지.

　전쟁이 끝난 후 인권 침해에 대한 반성과 인간의 기본적인 권리 존중을 위해 유엔(국제 연합)은 '세계 인권 선언'을 발표했어. 그리고 인권을 인류가 추구해야 할 보편적인 권리로 채택하게 돼. 세계가 자유와 평등을 추구

하고 정의를 유지하기 위해서는 인간의 존엄성을 지키는 일이 인간 삶의 바탕이 되어야 한다고 생각했기 때문이지.

* '세계 인권 선언'은 무엇일까?

세계인들이 인권을 지키기 위해 함께 약속한 내용이야. 다음과 같은 내용이 포함되어 있어. 함께 읽어 보자.

제1조   우리는 모두 형제자매이다
제2조   누구든지 차별받지 않아야 한다.
제8조   억울할 때는 법에 도움을 청해야 한다.
제18조 내가 원하는 종교를 가질 수 있다.
제19조 생각하고 표현하는 것은 자유이다.
제22조 사회 보장 제도를 누릴 수 있다.
제23조 내가 원하는 일을 자유롭게 할 수 있다.
제24조 휴식과 여가의 권리가 있다.
제26조 누구나 배울 수 있다.
제27조 문화를 즐길 권리가 있다.
제28조 인권이 실현되는 세상에서 살 권리가 있다.
제29조 인권이 보장되는 사회를 만들 의무가 있다.
제30조 나의 권리를 보장받기 위해
        타인의 권리를 짓밟을 권리는 없다.

* 인권은 어떻게 성장하고 발전했을까?

인권의 성장과 발달은 3단계로 구분해.

1세대(17~18세기) 인권은 인간의 존엄성을 이야기하는 '자유권'에 대한 내용이야. '~로부터의 자유'라고 표현되며 생명과 자유, 안전에 대한 권리를 의미해. 노예나 노예적 예속 상태로부터의 자유, 체포, 구금 또는 처벌로부터의 자유 등이 있어. 또한 법으로부터 동등한 보호를 받을 권리, 공정하고 공개적인 재판을 받을 권리, 개인 사생활에 대한 권리, 사상과 양심, 종교의 자유, 자유로운 선거를 통해 정부에 참여할 수 있는 권리를 이야기하지.

2세대(19~20세기 전) 인권은 '사회권'에 대한 내용이야. '~에 대한 권리'라고 표현돼. 자본주의가 발달하며 가난한 사람과 부자의 차이가 분명해지고, 개인주의가 심해지면서 사회적 약자의 인간적인 삶과 권리에 대해 고민하기 시작해. 그래서 사회적 약자의 인간적인 삶의 추구를 목표로 하고 있어.

사회 보장을 받을 권리, 노동할 수 있는 권리, 실업으로부터 보호받을 권리, 유급 휴가 등 휴식과 여가를 누릴 권리, 의식주와 의료 등 기본적인 생활 수준을 누릴 권리, 적절한 교육에 대한 권리, 문화에 대한 권리 등이 있지.

3세대(20세기 후) 인권은 연대 즉 '집단권'에 대한 내용이야. 소수자, 제3세계 등 인권 자체를 누리지 못한 개인과 집단에 대한 인권이지.

국가와 개인의 관례에서 나오는 권리가 아니라 집단적이고 연대적인 권리로서 자결권, 평화에 대한 권리, 인도주의적 재난 구제를 받을 권리, 다를 수 있는 권리, 지속 가능한 환경에 대한 권리 등이 있어.

* 어린이도 인권이 있을까?

인권은 어른에게만 있는 게 아니야. 어린이도 마땅히 존중받아야 할 인권이 있어. 유엔에서는 1989년 전 세계 18세 미만의 모든 어린이와 청소년의 인권을 보장하기 위하여 '유엔 아동 권리 협약'이라는 국제 협약을 만들었어. 어린이는 특별한 보호와 관리를 받아야 하기 때문이지. 모든 어린이는 부모와의 관계를 유지할 수 있는 권리를 가지고, 보편적인 교육을 받아야 할 권리가 있어.

유엔 아동 권리 협약에는 아동의 권리에 대해 명시하고 있어. 다음과 같은 내용이 담겨 있단다.

제2조   어린이는 인종, 종교, 언어, 빈부, 장애와 상관없이 동등한 권리를 가지고 있다.

제6조   생명을 보호받고 건강하게 살 권리가 있다.

제19조   보호자가 어린이에게 정신적, 신체적으로 폭력을 쓰거나

학대하거나 돌보지 않고 방치하는 일이 없도록 정부는 모든 노력을 다해야 한다.

제24조 어린이는 건강하게 자랄 권리가 있다. 충분한 영향을 섭취하고 깨끗한 물을 얻으며 치료를 받아야 한다.

제28조 교육을 받을 권리가 있다. 초등 교육을 무료로 받을 수 있어야 하며 능력에 맞게 더 높은 교육도 받을 수 있어야 한다.

제32조 위험하거나 교육에 방해가 되거나 몸과 마음에 해가 되는 노동을 해서는 안 된다.

제38조 전쟁 지역으로부터 특별한 보호를 받아야 하며 15세 미만 어린이는 절대 군대에 들어가거나 전쟁에 참여해서는 안 된다.

2장 두 번째 취재,
성별이 뭐가 중요해?

남자 대 여자

 4학년 2반 점심시간, 여자 부회장인 미선이와 남자 부회장인 준용이가 곧 있을 체육 대회를 앞두고 의견이 엇갈렸다. 처음에는 가벼운 의견 차이로 시작됐지만 이내 남자 여자 편을 가른 싸움으로 번졌다.
 "여자가 여기저기 다 끼려고 해."
 "뭐라고? 한준용. 다시 말해 봐. 여자가 뭐?"
 준용이 말에 미선이가 어이없다는 듯 목소리를 높였다.
 "준용아, 여자와 싸워서 뭐 하냐. 네가 참아."
 옆에 있던 상민이가 싸움에 불을 붙였다.
 "여자와 싸워서 뭐 하냐고? 너희가 뭔데 그런 식으로 말해?"

미선이 단짝인 선영이가 얼굴이 시뻘겋게 달아올라 소리쳤다.

"너희는 불리하면 '여자가 여자가' 그러더라. 너희 엄마도 여자 아니냐?"

미선이까지 날카롭게 쏘아붙였다. 준용이와 상민이는 헛웃음 쳤다.

"맞아. 우리 엄마도 여자 맞긴 한데 우리 엄마는 축구 안 해. 너희가 왜 축구를 한다고 난리냐."

"운동하는 데 여자 남자가 따로 있냐? 축구 선수, 야구 선수 중에도 여자가 있다는 건 알기나 하니?"

웬일로 얌전한 경주까지 나서서 상민이를 타박했다.

"경주야, 넌 달리기도 못하면서 무슨 운동을 한다고 그래. 운동할 때 달리기가 얼마나 중요한지 알아? 게다가 축구는 몸싸움을 해야 할 때도 있어. 그런데 어떻게 여자가 축구를 하냐?"

"맞아. 우리는 너희 생각해서 하는 말이야. 왜 괜히 화를 내고 그러냐?"

준용이와 상민이가 빈정거렸다. 그때 현수가 교실로 들어왔다. 금방이라도 큰 싸움으로 번질 것 같은 분위기에 현수는 깜짝 놀라 눈을 껌뻑였다.

"무슨 일 있었어?"

현수가 묻자 짝인 창민이가 낮게 한숨을 내쉬며 말했다.

"반 대항 축구 경기에 미선이와 몇몇 여자들도 끼겠다잖아. 여자가 무슨 축구냐."

창민이가 반 여학생들을 보며 고개를 좌우로 저었다.

"여자들은 피구나 발야구 하면 되잖아."

상민이가 귀찮다는 듯 이야기했다. 하지만 여학생들은 그 말에 더욱 화가 났다.

"네가 뭔데 우리한테 피구를 해라 발야구를 해라 해."

"야, 너희야말로 말이 안 통한다. 여자들이란. 남자들이 하는 걸 다 하고 싶으면 너희도 커서 군대 가."

"야, 그건 너무 억지다."

상민이 말에 남학생 몇몇이 킥킥거리며 대꾸했다.

어느새 수업 종이 울렸다. 담임 선생님이 교실로 들어오다 냉랭한 분위기에 놀란 표정을 지었다.

"무슨 일이니? 당장 제자리에 앉아."

담임 선생님은 반장에게 무슨 일이 일어났는지 물었다. 그러고는 황당하다는 듯 헛웃음을 지으며 입을 열었다.

"준용아, 미선이가 축구를 안 해야 하는 이유 세 가지만 이야기해 봐."

"여자가 남자보다 몸이 약한 건 사실이잖아요. 어떻게 똑같을 수가 있어요? 그리고……."

"남자 중에서도 키가 작고 체중이 적게 나가는 사람 많아. 네 말대로라면 몸이 약한 남자들도 축구를 하지 말아야겠네?"

"그건 아니고요. 선생님."

"두 번째 이유는?"

"두 번째는……."

담임 선생님 질문에 준용이가 꿀 먹은 벙어리가 됐다. 그 모습을 보고 담임 선생님은 준용이에게 다가갔다.

"요즘 세상에 남자라고 해서 또 여자라고 해서 못할 게 뭐 있니? 준용이 너, 그런 생각 갖고 있으면 큰일 나. 장가 못 가요."

선생님이 재미있게 넘기려는 듯 말하자 몇몇 학생들이 웃었다. 현수네 담임 선생님은 노총각 선생님으로 유명했기 때문이다. 선생님은 말을 덧붙였다.

"흠흠, 어쨌든 미선이가 축구를 하지 않아야 이유는 없는 거지? 그럼 미선이를 비롯해 축구 시합에 나가고 싶은 사람은 누구든지 참여하도록 해. 이걸로 정리 끝."

몇몇 남학생들은 야유를 보냈다. 여학생들은 여전히 기분이 좋지 않은 듯했지만 더는 누구도 아무 말 하지 않았다.

여자답게? 남자답게?

수업을 마친 후 현수는 신문부 회의실로 향했다. 회의실에는 자영이와 편집장, 인주 등 다른 기자들이 취재 자료를 정리하고 있었다.

현수가 자영이 옆자리에 앉으며 조금 전 교실에서 있던 일을 곱씹어 생각했다.

"자영아, 있잖아."

"응? 뭐?"

"그러니까……."

현수가 자영이를 보고는 말하려다 입을 닫았다. 다른 기자들은 그런 현수를 보며 고개를 갸웃거렸다.

"할 말 있으면 해. 무슨 일인데?"

자영이 말에 현수가 머뭇거리며 조금 전 교실에서 벌어진 이야기를 해 주었다.

"어이없네. 여자 조종사도 있고 여자 우주인도 있는 시대에 남녀 차별이라니 말도 안 돼. 그거야말로 여성의 인권을 무시하는 행동이야."

자영이가 다부지게 말했다.

현수는 자영이가 이렇게 말할 거라고 예상했다. 하지만 현수는 자영이와 생각이 달랐다. 현수는 자영이 눈치를 살피며 조심스럽게 말했다.

"그런데 그걸 꼭 차별로만 봐야 하나? 단순히 여자가 남자보다 상대적으로 체력이 약하니까 여자를 배려하는 것일 수도 있지 않을까?"

현수는 남자와 여자는 다른 점이 분명히 있다고 생각했다. 그것이 차별이라고 생각하지는 않았다.

현수는 삼 형제다. 집에서도 무거운 물건을 들거나 전등을 가는 등 힘쓰는 일은 주로 아빠와 형들이 했다. 엄마는 요리와 집안 살림을 도맡아 했다.

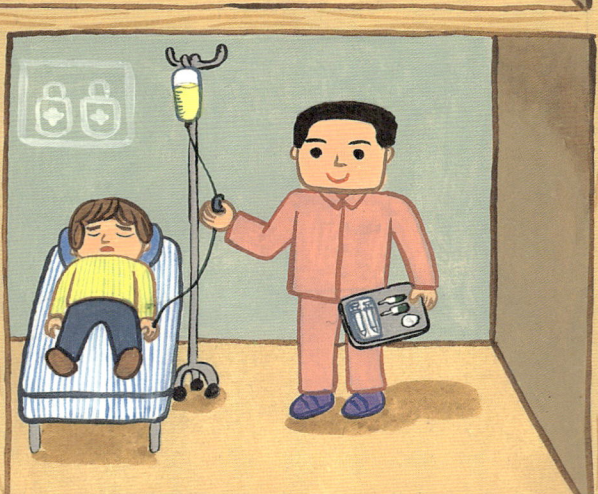

현수의 집에서 여자가 하는 일과 남자가 하는 일은 어느 정도 구분되어 있었다. 앞치마는 당연히 엄마의 것이고, 공구 상자는 당연히 아빠의 물건이었다. 현수는 그게 남녀 차별이나 인권을 해치는 일이라고 생각한 적이 없었다.

"솔직히 사회에서 남자와 여자가 하는 일이 어느 정도는 구분되어 있지 않아?"

현수 말에 자영이가 고개를 저었다.

"아니, 난 남자와 여자의 일이 구분되어 있다고는 생각하지 않아. 그런 생각이야말로 차별이라고 생각해. 남자든 여자든 똑같이 대우하고 똑같은 기회를 주는 게 평등한 거 아닐까? 성별로 구분한다면 인권을 침해하는 일이지."

자영이 말에 함께 듣고 있던 기자들도 고개를 끄덕였다.

"남자와 여자가 신체적으로 차이가 있는 건 사실이잖아?"

편집장이 자영이에게 물었다.

"남자와 여자가 신체적으로 다르긴 하죠. 하지만 다르다고 기회조차 주지 않는 건 말도 안 돼요."

웬일로 얌전한 인주까지 힘주어 말했다.

"여자라고 혹은 남자라고 기회를 주지 않는 건 잘못된 거예요.

옛날에는 요리를 여자의 일이라고 생각했지만 지금은 남자 요리사가 많잖아요. 남자라고 요리사를 못하게 한다면 차별이죠."

자영이 말에 현수와 편집장은 마른 입맛을 다셨다.

"그건 그렇지만······."

"여자라고 해서 혹은 남자라고 해서 실력을 발휘할 기회조차 주지 않는다면 그건 인권을 무시하는 행위인 것 같아요."

자영이가 목소리를 높여 말하자 현수와 편집장은 더 이상 말하지 않았다. 자영이 말도 맞지만 현수는 '남자와 여자는 분명히 다른데······.'라는 생각이 드는 건 어쩔 수 없었다.

"하긴 치마는 여자만 입는 옷이라는 생각도 남녀 차별 아닐까? 사실 난 가끔 정말 더우면 치마를 입고 싶을 때가 있거든. 치마를 입으면 엄청 시원할 것 같아서 말이야."

편집장은 자영이의 마음을 풀어 주려는 듯 장난스럽게 웃으며 말했다.

"편집장, 우리 할머니는 남자가 치마 입은 모습을 보면 '세상이 망해 가고 있다'고 하실 거예요."

가만히 듣고 있던 3학년 정민이가 웃으며 말했다.

"그런데 치마는 여자만 입어야 한다는 생각도 어떻게 보면 차

별 아니에요? 왜 치마는 여자만 입어야 해요? 옛날에는 남자도 치마를 입었어요. 누구나 자기가 입고 싶은 옷을 입을 수 있는 권리가 있다고 생각해요."

"옛날 남자들이 치마를 입었다고?"

현수가 신기하다는 듯 되묻자 자영이가 고개를 끄덕였다. 그러고는 덧붙여 말했다.

"중세 시대에는 남자도 치마를 입었다더라. 치마가 여자 옷이라고 생각하는 것도 우리가 깨야 할 고정 관념 중 하나 아닐까?"

"생각해 보니 할머니는 제가 울 때마다 '남자답지 못하다'고 하셨는데 어렸을 때 그 말이 정말 싫었어요. 속상하고 슬퍼서 우는데 남자답고 말고가 어디 있나 싶어서요. 그것도 남자와 여자를 차별하는 것 같아요."

정민이 말에 자영이가 고개를 끄덕거렸다.

"정말 생각지도 못한 부분에서도 남녀 차별은 존재하는구나."

편집장이 모든 기자들을 보며 말했다.

"우리가 기사를 쓸 때도 남녀를 차별하는 주제나 문장이 있는지 좀 더 꼼꼼하게 살펴봐야겠다. 나도 모르게 차별하는 내용을 썼을 수도 있을 것 같아."

"사람에게 '남자답게' 혹은 '여자답게'를 강요하는 건 인권을 침해하는 행동 같아요."

신문부 기자들은 그동안 남자와 여자를 차별하는 기사가 있지는 않았는지, 상대방의 인권을 침해한 적은 없었는지 떠올려 보았다.

취재 수첩

* '차이'와 '차별'은 뭐가 다를까?

'차이'란 '서로 다름', '같지 않음'이라는 뜻이야. 객관적으로 다르게 나타나는 모습을 의미하지. 남자와 여자는 2차 성징을 거치면서 신체적으로 다른 모습을 갖게 돼. 그 차이는 자연스러운 것이기 때문에 서로 존중해야 하는 거야.

'차별'이란 '차이'를 핑계 삼아 합리적인 이유 없이 고정 관념이나 편견으로 그 차이를 불공정하게 해석하고 행동하는 것을 말해. 역사적으로는 여성이 남성보다 성별이 다르다는 이유만으로 많은 차별을 겪어 왔어.

* 지금도 여성 차별이 있어?

지금은 많이 줄어들었지만 이슬람 국가나 이슬람 종교를 가진 국가에서는 여전히 여성 인권에 대한 문제점이 지적되곤 해. 교육이나 결혼, 이혼 상속권 등에 대해 제한된 부분이 있기 때문이야.

이슬람 여성인 말랄라 유사프자이는 노벨 평화상을 받았어. 파키스탄에 사는 말랄라는 탈레반에 의해 여성 인권이 무시되는 걸 보고 용기를 냈지. 2009년 영국 공영 방송 BBC에 탈레반

치하의 삶과 억압된 여성들에 대해 일기를 쓴 거야. 이 덕분에 세계는 탈레반에 의한 여성 인권 침해를 알게 됐어. 하지만 탈레반이 앙심을 품고 말랄라를 살해 협박했고, 결국 총을 쐈지. 말랄라는 죽을 위기에 처했지만 건강하게 일어났어. 그리고 다시 파키스탄으로 돌아가 여성 차별에 대해 이야기했지.

* 과거에는 어땠을까?

역사적으로 여성은 정치적인 의사 결정에서 늘 제외됐어. 고대 그리스와 로마에서 민주 정치가 무르익었을 때도 여성은 투표에 참여하지 못했지. 여성의 선거권은 19세기 말, 20세기에 접어들어서야 인정받았어.

여성은 1893년 뉴질랜드를 시작으로 1902년에 호주, 유럽에서는 최초로 1906년에 핀란드 등에서 전국 선거 투표권을 갖게 됐어. 제1차 세계 대전의 영향으로 유럽 등지의 국가에서 여성의 선거권 인정이 시작됐지.

1914~1939년에는 28개국에서 추가로 남성과 동등한 선거권 또는 여성의 전국 선거 투표권이 인정되었어. 러시아, 캐나다, 독일, 오스트리아, 폴란드, 체코슬로바키아, 미국, 헝가리, 영국, 미얀마, 에콰도르, 남아프리카 공화국, 브라질, 우루과이,

타이, 터키, 쿠바, 필리핀 등이지.

제2차 세계 대전 직후에는 프랑스, 이탈리아, 루마니아, 유고슬라비아, 중국에서도 여성의 선거권이 인정됐어. 그 후 10년 동안 세계적으로 100개국 이상에서 여성이 선거권을 갖게 됐지. 제2차 세계 대전 이후 독립한 거의 모든 국가에서 헌법의 규정을 통해 남성과 여성에게 동등한 선거권을 부여했어.

* 여성 인권을 지키기 위한 제도가 있어?

유엔 총회는 1967년에 여성에 대한 차별 철폐 선언을 채택했어. 하지만 오랜 세월에 걸친 습관과 생활 양식은 실천되기 어려웠지.

유엔은 새로운 조약을 마련했어. 여성의 인권 보장과 차별 해소에 대한 국가적 의무를 명시한 협약인 '여성 차별 철폐 협약'이지. 국제 7대 인권 협약 중 하나인 이 협약은 1979년에 찬성 130개국, 반대 0개국, 기권 11개국이라는 압도적 다수로 가결되었어.

1980년 7월 '유엔 여성의 10년 세계회의'에서 서명식을 갖고 1981년 9월 3일에 정식으로 발효되었지.

만약 협약을 위반한 중대하고 조직적인 인권 침해가 일어날 경우 협약 제8조에 의거 당사국의 동의를 전제로 당사국을 방문하여 조사해.

대한민국은 이 협약에 1984년 12월 서명했어. 2016년 유엔 여성 차별 철폐 위원회는 2015년 12월 28일 일본군 위안부 문제에 대한 한일 정부 합의에 대해 일본 정부의 대응 방식에 문제가 있다고 지적하기도 했어.

* 페미니스트는 뭐야?

요즘 SNS(소셜 네트워크 서비스)나 뉴스에 페미니스트라는 말이 자주 등장하지? 페미니스트란 기본적으로 남녀 평등을 주장하는 사람들을 말해. 그동안 여성은 남성과 동등한 지위가 아니라고 생각한 사람들은 여성의 자유와 권리가 확대되어야 한다고 이야기해. 그런 사람들을 페미니스트라고 하지.

페미니스트가 이야기하는 페미니즘은 '여성의 특질을 갖추고 있는 것'이라는 뜻을 가진 라틴어 '페미나(femina)'에서 파생한 말이야. 성 차별적이고 남성 중심적인 시각 때문에 여성이 억압받는 현실에 저항하는 의미지. 여성을 억압하는 현실을 올바르게 파악하고 그 해결을 모색하려고 해. 또한 남성이 특유의 사회적 경험과 지각 방식으로 차별하는 것을 바꾸려는 게 페미니스트의 목적이야.

3장 세 번째 취재,
다르지만 똑같아

시위 현장

현수와 자영이가 오랜만에 광화문 나들이에 나섰다. 현수의 큰형이 맛있는 걸 사 주기로 했기 때문이다. 광화문역을 나선 현수와 자영이는 지난해 광화문 광장을 가득 메웠던 촛불 집회를 떠올리며 주변을 둘러보았다.

"특수 학교 설립을 반대한다! 반대한다!"

"지역 주민 동의 없는 장애인 시설이 웬 말이냐!"

현수와 자영이는 소리를 따라 고개를 돌렸다.

"오늘도 시위를 하나 봐."

촛불 집회처럼 많은 인원은 아니었지만 몇몇 사람들이 팻말을 들고 목소리를 높이고 있었다.

"가 볼까?"

현수 말에 자영이가 웃으며 고개를 끄덕였다.

현수와 자영이는 촛불 집회 이후 시위에 대한 생각이 바뀌었다. 무서운 것이 아니라 서로의 의견을 표현하는 대화의 장이라는 걸 알았기 때문이다. 현수와 자영이가 시위 현장 가까이 다가갔다.

한쪽에서는 지역 주민 아저씨, 아주머니들이 모여 특수 학교, 장애인 체육 시설 설립을 반대한다며 목소리를 높이고 있었다. 그리고 다른 쪽에서는 또래의 아저씨, 아주머니들이 머리를 조아리고 있었다. 장애인 자녀를 둔 부모였다.

"제발 부탁드립니다. 아이들이 공부할 수 있는 시설을 지을 수 있도록 허락해 주세요."

"조금 다르지만 평범한 아이들입니다. 공부할 수 있는 시설을 만들 수 있도록 도와주세요."

부모들은 눈물을 흘리며 애원했다. 팻말을 든 주민 시위대는 난처한 표정을 지으면서도 물러서지 않았다.

"뭔가 분위기가 묘하네."

"응, 뉴스에서 보던 시위와는 다르다. 이상해."

현수와 자영이는 고개를 갸웃거릴 수밖에 없었다. 의견이 다른 두 집단이 각기의 의견을 주장하는 게 아니라 한쪽은 부탁하고 있었기 때문이다.

"건물을 짓는 문제로 서로 다투는 것 같은데?"

"다툰다고 보기는 어렵지 않아?"

현수 말에 자영이도 고개를 끄덕거렸다.

그때였다. 머리를 조아리고 있던 부모들이 모두 무릎을 꿇었다.

"우리 모두 아이를 키우는 부모들이지 않습니까? 비록 장애를 가지고 있지만 우리 아이들도 비장애인과 다를 바 없는 소중한 아이들입니다. 공부하고 학습할 권리가 있

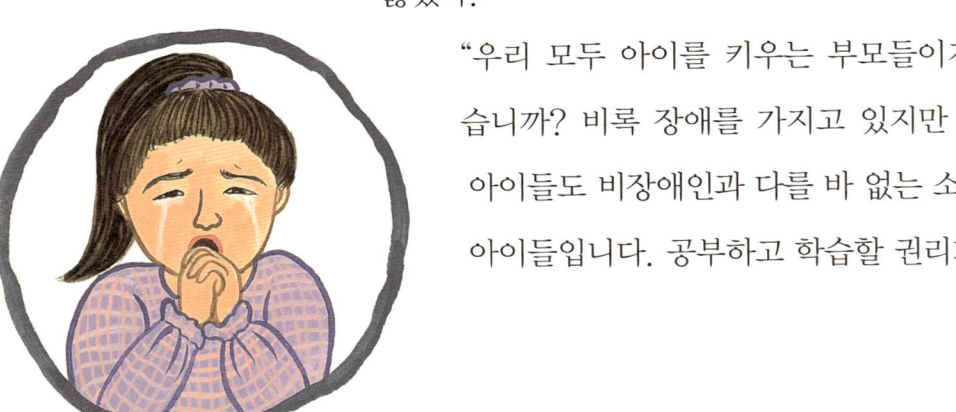

습니다. 제발 우리 아이들이 교육받을 수 있는 학교를 지을 수 있도록 도와주세요."

아주머니는 눈물을 흘리며 하소연했다.

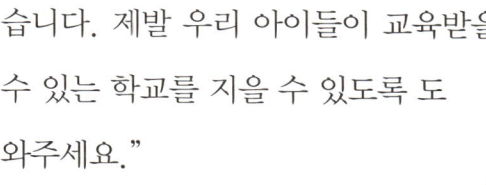

"여보세요. 우리가 장애 있는 아이들은 공부하지 말랬습니까? 우리 상황도 이해해 주세요. 장애인 시설이 들어오면 이 근처 집값이 떨어진단 말이에요. 평생을 힘들게 벌어서 이 집 하나 겨우 마련했는데 우리가 사용하지도 않는 건물 때문에 큰돈을

잃게 생겼다고요. 제발 우리 입장도 이해해 주세요."

"장애가 있는 아이들이 병을 옮기는 것도 아니고, 다른 사람에게 해를 끼치는 것도 아니지 않습니까."

부모 시위대의 한 아저씨가 답답하고 속상해 하며 말했다.

"알겠으니까 그렇게 장애인 시설을 짓고 싶으면 이곳 말고 다른 지역에서 시설을 짓든 말든 하시라고요. 우리도 당신들만큼 힘들어요. 나쁜 사람이 되고 싶지 않습니다."

"맞아요. 저희도 살아야 하니까 이러는 거라고요. 우리 사정도 이해해 주세요. 우리는 무슨 죄입니까?"

주민 시위대가 여기저기에서 각자의 의견을 주장했다.

"장애 시설이 들어온다고 해서 꼭 주변 땅값이 떨어지고 나쁜 동네가 되는 건 아닙니다."

"그걸 당신들이 어떻게 알아요. 지나가는 사람들에게 물어보세요. 아픈 아이들을 모아 놓은 곳 근처에서 살고 싶은 사람들이 있는지요."

"너무하십니다."

"당신들이야말로 우리에게 너무하는 겁니다."

양측이 팽팽하게 맞섰다. 그럴수록 옆에서 지켜보던 현수와 자영이는 말이 없어졌다.

"누구 편을 들어야 할지 모르겠어."

현수가 자영이를 보며 고개를 저었다.

"양쪽 모두에게 사정이 있는 건 알겠는데……."

자영이도 고개를 숙였다.

"이러다 늦겠다. 가자."

"그래."

현수와 자영이가 서둘러 약속 장소로 향했다.

보이지 않는다고 없는 게 아니야

"두 기자님, 오늘은 기분이 별로네?"

현수의 큰형인 태수가 현수와 자영이를 보며 고개를 갸웃했다. 매번 궁금한 게 많아 조잘대던 두 사람이 오늘은 웬일인지 커다란 피자를 앞에 두고도 깨작거렸기 때문이다.

"형, 장애인 시설이 생기면 주변 집값이 떨어져?"

"갑자기 웬 집값 이야기야?"

현수 말에 큰형이 되물었다.

현수와 자영이는 조금 전 본 시위 장면에 대해 이야기했다. 장애인 시설 설립을 반대하는 측과 설립을 원하는 측 모두 이유가 분명했다.

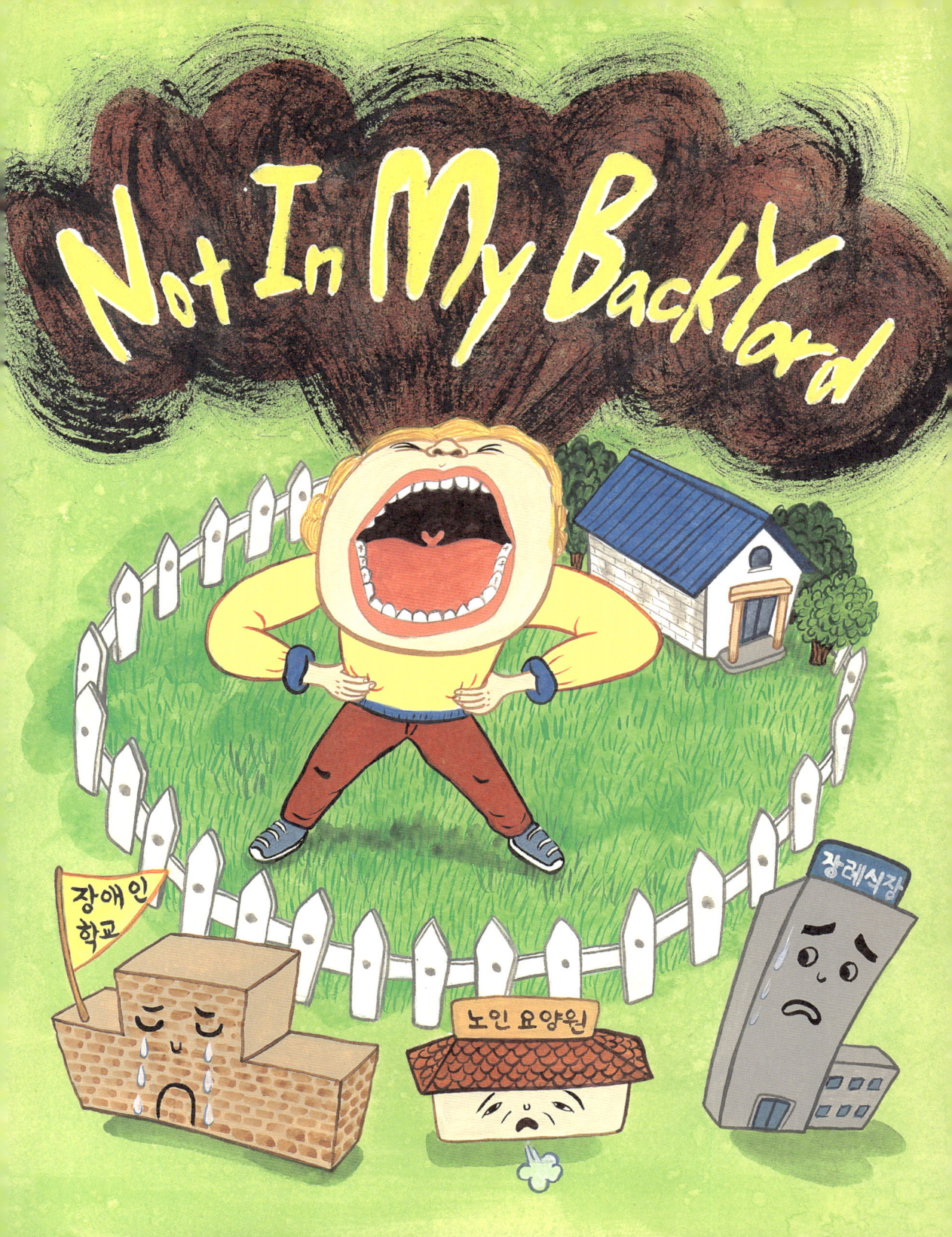

"너희들 혹시 님비(NIMBY) 현상에 대해서 들어 본 적 있니? '내 뒷마당에서는 안 된다(Not In My Backyard)'는 영어의 약자야. 위험 시설, 혐오 시설 등이 자신들이 살고 있는 지역에 들어서는 것을 강력하게 반대하는 행위를 말해. 사실 집 근처에 그런 시설이 있는 걸 바라는 사람은 없으니까."

"하지만 오빠, 장애인 시설이 혐오 시설은 아니잖아요."

"맞아. 장애인을 어떻게 바라보느냐에 따라 아무 일이 아닐 수도 있고, 큰일이 될 수도 있는 거야."

큰형 말에 현수와 자영이가 눈을 동그랗게 떴다. 큰형은 말을 이었다.

"생각의 차이 때문에 이런 일이 생기는 거지. 장애인이 우리와 똑같은 사람이고 우리와 어우러져 살아가야 할 이웃이라고 생각한다면 장애인 시설이 우리 삶 가까이에 있는 게 당연하지."

"똑같은 사람이라고 생각하지 않는 사람도 있다는 말이에요?"

자영이가 씩씩거리며 말했다.

"장애인이 가까이에 있는 게 불편하다고 생각하면 그들을 위한 시설이 불편하게 느껴질 수도 있겠지."

"어떻게 장애를 가졌다고 우리와 다른 사람일 수 있어요? 장애를 가졌어도 우리와 똑같이 인권을 가진 사람이잖아요."

"인권에 대해 취재한다더니 역시 다르네. 자영이처럼 생각하는 사람이 많아질수록 너희가 오늘 본 분쟁은 조금씩 줄어들 거야."

"형, 사실 나는 오늘 시위를 보기 전까지 장애인이나 장애인을 위한 시설에 대해 생각해 본 적이 없었어. 왜냐면 장애를 가진 사람들을 자주 보진 못했거든."

현수 말에 큰형이 고개를 저었다.

"그동안 네가 보고 싶은 것만 본 게 아니고?"

"무슨 말이야?"

"장애를 가진 사람은 우리 주변에 굉장히 많아. 장애는 다리가 불편하다던가 남들과 다른 생김새라던가 눈에 보이는 신체적 결함 등 눈에 보이는 것일 수도 있어. 하지만 시력이 약하거나 신체 장기 혹은 손가락, 발가락 같은 신체 부위가 기능을 제대로 못 하는 등 눈에 잘 띄지 않는 장애도 있어. 이 사회에는 여러 불편함을 가진 사람들이 함께 어우러져 살고 있는 거야."

"맞아요. 우리 외할머니도 무릎 수술을 받은 후 잘 걷지 못해서 장애 등급을 받으셨다고 했어요."

"그런 일이 있었구나. 몰랐어."

현수가 당황해하며 자영이를 바라보았다.

"넌 당연히 모르지. 손녀인 나도 가끔 할머니가 장애를 가지고 있다는 걸 까먹는걸? 장애를 가진 외할머니와 장애가 없는 친할머니를 생각해 보면 사실 아무런 차이가 없어. 똑같이 나를 사랑해 주고 맛있는 걸 많이 만들어 주시거든. 음, 다른 점이 있다면 외할머니께서 조금 더 불편한 세상을 살고 계신다는 것뿐이야."

자영이 말에 큰형이 고개를 끄덕였다.

"자영이 말이 맞아. 장애인과 비장애인은 똑같은 사람이야. 하지만 장애를 가진 사람에게 세상은 불편한 게 많을 거야. 다리가 불편한 사람에게는 계단과 보도블록이 불편할 테고, 시각 장애가 있는 사람은 책을 읽고 길을 다니는 것이 힘들겠지. 우리에게는 평범한 일상이 장애인에게는 무서운 상황일 수 있어."

큰형이 현수와 자영이를 보며 말했다.

"장애인을 위한 시설이 많이 부족한가? 하긴 나도 길에서 장애인 시설을 잘 못 본 것 같긴 해."

"많이 부족하지. 우리가 사용하는 모든 공공물은 비장애인을 기준으로 만들어진 거니까. 그러니 장애인 입장에서는 모든 게 불편하겠지. 그렇기에 장애인 시설을 설치하는 건 그들의 생명과

안전을 지키기 위해 반드시 필요한 일이야."

"정말 그렇겠다."

현수는 그동안 이런 문제에 아무런 관심을 갖지 않고 있었다는 게 부끄러웠다.

"교육도 마찬가지야. 장애인도 비장애인과 똑같이 생활하고 배울 권리가 있어. 장애인 시설을 짓는 건 경제적인 효용이나 이익을 떠나서 장애인의 인권을 지켜 주는 일이라고도 할 수 있지 않을까?"

"어디에나 인권이 등장하지 않는 곳이 없는 것 같아요. 처음 시위 현장을 봤을 때 이 문제가 장애인의 인권과 관계가 있을 거라고는 생각도 못했거든요."

"인권은 인간이면 누구나 가지고 있는 당연한 권리야. 장애인이라고 다른 건 없지. 모두 똑같이 배우고 생활하며 보호받아야 할 권리가 있어."

현수와 자영이가 고개를 끄덕였다.

취재 수첩

* **장애인의 인권은 무엇일까?**

　모든 장애인에게는 인간으로서의 존엄성을 존중받아야 할 권리가 있어. 1975년 12월 9일 유엔 총회에서는 '세계 인권 선언'의 정신을 이은 '장애인 권리 선언'을 만장일치로 채택해.

　'장애인 권리 선언'은 인권과 기본적 자유, 평화에 관한 원칙, 인간의 존엄성과 가치에 관한 원칙, 사회 정의에 관한 원칙을 이야기하며 장애인이 다양한 활동 분야에서 최대한 자신의 능력을 개발할 수 있도록 해야 한다고 강조해. 장애인도 정상적인 생활 속에서 자신의 이상을 실현해야 한다는 거지.

　더불어 지적 장애인(정신 지체인)의 복지와 재활을 확고히 하기 위해 선언한 '정신 지체인 권리 선언', 세계 장애인의 해, 장애인에 관한 세계 행동 계획, 국제 연합 장애인의 해 10년, 장애인의 기회 평등화에 관한 기본 규칙 등이 있어. 우리나라에서는 1998년에 한국 장애인 인권 헌장이 선포되었어.

* **장애인의 인권 침해는 얼마나 심각할까?**

　교육을 비롯 취업, 의료, 결혼 등 사회 대부분에서 장애인은 비장애인과 동등한 대우를 받지 못하고 있어. 한국보건사회연구원의 장애인 실태 조사

결과에 따르면 장애인이 학교와 사회에서 많은 차별을 당하고 있다고 해.

그중 대표적인 차별의 예는 취업이야. 장애인 고용 촉진 및 직업 재활법으로 기업에서는 장애인을 의무적으로 고용해야 해.

하지만 장애인을 고용할 경우 생산성이 떨어진다는 편견을 갖고 많은 기업이 벌금을 내는 것으로 장애인 고용 의무를 외면하고 있다고 해. 그렇기에 장애인을 고용한 기업에서 '우리 기업은 장애인에게 일자리를 제공하였다'는 광고를 하기도 하지. 당연한 것인데 말이야.

그뿐만 아니라 장애인은 종교를 갖는 것 역시 쉽지 않아. 소통이 어려운 장애인의 경우 세례를 받지 못하는 경우도 있다고 해. 또한 장애인 올림픽인 패럴림픽의 경우 방송할 방송사를 찾지 못해 방송에 나가지 못한 경우도 있지. 아직 장애인의 인권 침해가 너무나도 심각하지?

* 장애인 인권 보호를 위해 어떤 노력을 하고 있어?

장애인 인권을 보호하기 위해 복지 제도가 좀 더 개선되어야 하지만 기본적으로 비장애인의 인식을 바꾸는 게 중요해. 하지만 불쌍하거나 도와줘야 할 사람이라고 생각해서도 안 돼. 장애인도 비장애인과 똑같은 인권을 가진 사람이야. 함께 살아가야 할 친구이자 이웃이지.

　장애를 가진 모든 이들이 존중받아야 할 인격이고 이웃이라는 점을 모두 알 수 있도록 여러 기관에서 다양한 활동을 벌이고 있어. 책이나 연극, 영화 등 쉽게 접할 수 있는 매체나 장애인 인권 영화제와 한국 장애인 인권상 등 장애인에 대한 인식을 개선해 나가기 위해 노력하고 있어.

* 장애인 복지와 인권을 위한 기관도 있을까?

　장애인 복지 연구와 복지 진흥, 체육 진흥 사업을 전담하기 위해 설립한 기구인 한국장애인개발원이 있어. 1995년 4월 18일 서울 곰두리체육센터를 위탁 운영하기 시작했고, 2000년 2월 11일 한국장애인복지진흥회로 불렸지. 2005년 10월 31일 장애인 체육 업무를 대한장애인체육회로 이관했어.

　한국장애인개발원은 장애를 가진 사람들의 복지를 조사하고 정책을 개발하며 장애인 복지 발전을 돕고 있어. 그 외에 한국장애인고용공단은 장애인이 직업을 가지고 자립할 수 있도록 지원해 주는 기관이야. 장애인의 고용 촉진 및 취업 재활 업무를 효율적으로 수행하고자 설립한 공공 기관이지.

4장 네 번째 취재,
피부색이 달라도 우리는 친구

슬픈 제보

"드디어 첫 제보가 도착했어요!"

자영이가 편지 봉투를 들고 신문부 회의실로 들어섰다.

신문부는 이번 달 신문 주제를 인권으로 잡은 후 '자람 초등학교 내 인권 침해 사례를 찾습니다!'라는 공고문을 냈다. 보름이 다 되어 가도록 텅 비어 있던 투고함에 드디어 첫 제보가 도착한 것이었다.

"우아, 빨리 읽어 보자!"

"우리 학교에 인권 침해 사례가 있다는 거잖아? 신기하네."

자영이가 편집장에게 편지 봉투를 건넸다. 편집장은 편지를 조심스럽게 펼쳤다.

저는 왕따입니다.

편집장이 첫 줄을 읽자 모두가 놀란 듯 침을 꿀꺽 삼켰다.
"와, 제목부터 세다."
"그러게. 왕따를 고백하기는 쉽지 않았을 텐데."
"왕따야말로 진정한 인권 침해지."

"우선 끝까지 읽어 보자."

몇몇 기자들이 수군거리자 편집장이 주의를 줬다.

제보하기까지 얼마나 큰 용기가 필요했는지 모릅니다. 과연 이 이야기를 신문에 내는 게 저에게 좋은 일인지는 사실 지금도 모르겠습니다. 하지만 제대로 이야기하고 싶어 용기를 냈습니다.

저는 어느 날 갑자기 왕따가 됐습니다. 가장 친했던 친구는 그동안 제가 거짓말했다면서 저와 거리를 두고 있습니다. 친구의 말은 사실입니다. 저는 친구에게 감추는 것이 있었습니다.

우리 집은 다문화 가정입니다. 저는 아빠의 나라인 한국에서 태어나 자라고 있지만 엄마의 고향은 베트남입니다. 친구들에게 일부러 감추려던 것은 아닙니다. 굳이 제가 먼저 말할 이유가 없다고 생각했습니다.

그러다 얼마 전, 친구는 우연히 제가 다문화 가정 자녀라는 걸 알게 되었습니다. 친구는 주변 친구들에게 그 사실을 알렸습니다. 그 후 친구는 저를 멀리했고 저는 친구에게 다가가지 못했습니다. 그리고 반 친구들은 제 뒤에서 수군거리기 시작했습니다.

가장 좋아하던 학교는 가장 오기 싫은 곳이 됐고, 가장 좋아하던

친구는 가장 불편한 친구가 되었습니다. 전학 가고 싶지만 갈 수 없는 상황입니다. 사라져 버리고 싶습니다.

그런데 생각할 수록 억울하고 답답합니다.

다문화 가정의 자녀라는 게 왕따를 당할 일인가요? 원하지 않게 다문화 가정인 것이 공개됐고, 제 잘못이 아닌 일로 왕따를 당하고 있습니다. 제 인권은 무참히 짓밟혔습니다.

편집장은 편지를 다 읽은 후 다른 기자들을 바라봤다. 편지 내용에 놀란 듯 누구 하나 선뜻 말을 꺼내지 못했다.

"이것보다 확실한 인권 침해 사례는 없겠다!"

"요즘 다문화 가정인 친구가 한두 명도 아닌데 그것 때문에 왕따라니."

현수 말에 자영이도 어이없다는 듯 고개를 저었다.

"다문화 가정 자녀라고 친구를 따돌리는 건 분명한 인권 침해야. 아니, 어떤 이유로도 친구를 따돌려선 안 돼."

편집장 말에 다른 기자들 모두 고개를 끄덕였다.

"게다가 개인의 비밀을 다른 사람에게 공개하는 것도 비겁해."

"좋은 사례가 될 것 같아요."

기자들은 좋은 기삿거리를 발견한 것 같아 너도나도 한 마디씩 말을 보탰다.

"그런데 이걸 신문에 내면 제보한 학생과 왕따를 시킨 반 학생들까지 공개될 수도 있지 않을까요?"

"그러게. 문제가 커질 수도 있겠다."

모두 왕따 고백과 인권 침해에 대해 서로 의견을 내며 어떻게 기사로 작성할지 고민에 빠졌다.

인권 침해인 줄 몰랐어

그때였다. 얌전히 듣고 있던 인주가 머뭇거리며 말문을 열었다.

"저, 이 제보한 학생이 누군지 알아요."

"잘됐네! 인주가 취재하면 되겠다."

인주가 마른침을 삼키고는 말했다.

"우리 반이에요."

"너희 반?"

자영이가 눈이 동그래져 물었다. 인주는 고개를 푹 숙였다.

"아마도 그 편지 저 보라고 일부러 보낸 것 같아요."

말을 마친 인주의 두 눈에 눈물이 그렁그렁 고였다.

"뭐라고?"

인주의 갑작스러운 고백에 다른 기자들 모두가 놀라 아무 말도 하지 못했다. 인주는 편지를 바라보며 고개를 푹 숙였다.

"이거 신문에 낼 거예요, 편집장?"

인주가 울먹거리며 말하자 편집장이 한숨을 내쉬었다.

"무슨 일인지 차근차근 이야기해 봐. 진짜 다문화 가정 자녀라는 이유 하나만으로 친구를 따돌린 거야?"

인주는 낮게 한숨을 내쉬고는 아랫입술을 질끈 물었다. 그러고는 아무런 변명도 하지 않았다.

인주는 신문부 막내지만 야무지게 일해서 선배들에게 귀여움을 받고 있었다. 그런 인주가 반에서 친구를 따돌리고 있었다니 모두 충격을 받은 듯 말이 없었다.

"전 그게 왕따라고 생각하지 않았어요. 인권 침해인 줄 정말 몰랐다고요."

마침내 입을 연 인주가 억울하다는 듯 말했다.

"무슨 뜻이야?"

"그동안 친구가 나를 속인 게 괘씸해서 거리를 둔 것뿐이에요. 나도 상처받았으니까요. 친구도 내 마음을 알아야 한다고 생각했어요."

"인주야, 그 친구가 왕따당했다고 느꼈다면 너는 왕따시킨 게 맞아."

자영이 말에 인주는 아무 말도 하지 못했다.

"그래서 다문화 가정이란 걸 반에 소문낸 거야?"

"어떤 이유로든 친구를 따돌리는 건 옳지 못해."

듣고 있던 몇몇 기자들이 한마디씩 했다.

"인주야, 어쨌든 기사가 나가기 전에 먼저 이야기해 줘서 고마워. 말하기 힘들었을 텐데. 하지만 너도 알다시피 이 제보는 우리

학교에서 벌어지는 인권 침해 사례로 충분해. 신문에 실을 수 있는 내용이야."

가만히 있던 편집장이 말문을 열었다.

인주는 눈물범벅이 된 채로 고개를 끄덕였다.

"신문에 실리면 전교 학생뿐 아니라 선생님들까지 모두 이 일을 알게 될 거야."

편집장이 덧붙인 말에 인주 얼굴이 새빨갛게 달아올랐다.

"아……."

"하지만 너도 알다시피 신문이 나오려면 아직 일주일 이상 시간이 남아 있어. 네 잘못된 행동을 바로잡을 시간이 될 수 있다고 생각해."

인주는 무슨 말인지 모르겠다는 듯 편집장을 바라봤다.

"이 제보에 관련된 기사는 인주가 맡아. 제보 내용을 그대로 쓸 건지, 아니면 조금 더 취재해서 쓸 건지 그것도 인주가 선택해. 이것도 저것도 안 되겠으면 이 제보보다 훨씬 더 좋은 특종거리를 갖고 오던지."

다른 기자들은 서로 눈을 마주치며 영문을 모르겠다는 표정을 지었다.

신문부 회의를 마친 후 현수와 자영이는 분식집으로 향했다. 껄끄러워진 마음을 달래기 위해서는 매운 떡볶이가 필요했다.

"도저히 이해가 안 가."

"나도 마찬가지야. 편집장이 왜 인주에게 그 기사를 맡긴 걸까? 인주가 제대로 쓸 수 있을 리가 없잖아."

"인주한테는 조금 잔인한 일인 것 같기도 해."

현수 말에 자영이가 고개를 저었다.

"야, 잔인하긴 뭐가 잔인하냐? 다문화 가정이라고 친구를 따돌린 인주가 더 잔인하지. 착하게만 봤던 인주가 그런 행동을 했다니 배신감이 들 정도야."

"사실 나도 그래. 친구를 따돌릴 줄 누가 알았겠어."

"그런데 인주도 몰랐잖아. 그런 행동이 왕따시키는 건지, 친구의 인권을 침해하는 행동이었는지."

현수와 자영이는 인주 이야기를 하면 할수록 기분이 이상해졌다. 가까이에 있는 친구가 인권을 침해한 가해자였다는 사실이 충격이었다.

취재 수첩

* 인종 차별은 무엇일까?

　인종 차별은 인종이나 민족 집단에 따라 부정적인 감정을 갖는 것을 의미해. 인종이란 일반적으로 피부색, 골격, 문화적 또는 종족적 특성과 같은 신체적인 특성에 따라 구분한 종류를 말해.
　세상의 많은 사람은 인종이나 집단에 따라 외모적으로 혹은 문화적으로 다른 점을 가지고 있어. 그런데 자신과 다른 특성을 가진 사람을 무턱대고 나보다 열등하다고 생각하는 게 인종 차별이야. 인종 차별을 나타내는 부정적 태도를 편견이라 부르고, 편견에 의해 행해지는 행위는 차별 대우라고 해.

* 과거에도 피부색으로 인한 차별이 있었어?

　과거에는 노예 제도가 있는 나라가 많았어. 민주주의가 가장 발달했다고 하는 미국도 불과 150년 전까지만 해도 노예 제도가 있었지.
　1800년대 미국 남부에는 대규모 농장이 있었어. 일손이 턱없이 부족해지자 노예 상인을 통해 아프리카에서 노예를 억지로 끌고 왔지. 백인은 흑인을 야만적인 인종이라고 생각했고, 노예로 부리는 것을 당연하다고 생각했어. 노예 제도는 1865년에 폐지가 되었지만 그 후에도 흑인들은 노예 취급을 당하곤 했지.

그 후 법이 제정되어 흑인에게도 선거권을 준다고 했지만 거의 이루어지지는 않았어. 마틴 루터 킹 목사나 맬컴 리틀 등 운동가들이 흑백 평등을 주장하면서 서서히 미국 내 인종 차별이 줄어들었지.

* 마틴 루터 킹이 누구야?

마틴 루터 킹은 미국의 흑인 운동 지도자이자 목사야. 미국 앨라배마주의 몽고메리 교회 목사였지. 당시 흑인은 버스 좌석도 마음대로 선택하지 못하는 등 큰 차별을 받았어. 마틴 루터 킹은 이런 차별 속에서도 폭력이 아닌 연설과 행동으로 차별을 하나씩 없애 나갔지.

마틴 루터 킹은 시내버스의 흑인 차별 대우에 반대하여 5만 명의 흑인 시민이 벌인 '몽고메리 버스 보이콧 투쟁'을 승리로 이끌었지. 또한 비폭력주의에 따라 흑인이 백인과 동등한 시민권을 얻어 내기 위한 '공민권 운동(1963년의 워싱턴 대행진 등)'의 지도자로 활약했어. 1964년에는 이러한 공로가 인정되어 노벨 평화상을 받았지.

1968년 4월 마틴 루터 킹은 테네시주의 멤피스시에서 흑인 청소부의 파업을 지원하다가 암살당했어. 전 세계가 충격에 휩싸였어. 마틴 루터 킹 생

일인 매년 1월 15일에는 그를 추모하는 행사가 열리고 있지. 1986년부터는 1월 세 번째 월요일을 마틴 루터 킹을 추모하는 공휴일로 지정했어.

* 우리는 어디서 도움을 받을 수 있을까?

대한민국에는 '국가 인권 위원회'라는 기관이 있어. 인간의 기본적인 인권을 보호하며 존엄과 가치를 지키기 위해 2001년 설립된 독립적인 국가 기구야. 국가 인권 위원회는 인권 관련 정책 연구와 개선 권고, 인권 침해와 차별 행위 조사 구제, 교육과 홍보, 국내외 교류 협력을 하지.

2001년 11월 25일 설립된 국가 인권 위원회는 인권의 보호와 향상을 위하여 필요한 경우 인권 관련 법령, 정책, 관행을 조사하고 연구해. 인권 관련 재판이 진행 중일 때는 법원 또는 헌법 재판소의 요청이나 위원회의 필요에 따라 의견을 제출하기도 하지.

더불어 대한민국 국민이나 대한민국 영역 안에 있는 외국인이 헌법에 보장된 인권을 침해당한 경우 조사에 나서기도 해. 국가 기관은 물론 법인, 단체 또는 개인에 의해 합리적인 이유 없이 성별, 장애, 종교, 나이 등을 이유로 차별할 경우 조사를 벌여 도와주지.

* 국제앰네스티를 알고 있니?

국제앰네스티는 국가 권력에 의해 투옥, 구금된 각국의 정치 사상범을 구제하기 위한 목적으로 민간에 의해 1961년에 성립된 세계 최대의 민간

차원의 인권 운동 단체야. 우리말로는 '국제 사면 위원회'라고 하지.

영국 변호사인 피터 베네슨이 1961년 <옵서버>지에 포르투갈에서 자유를 외치다 투옥된 학생들의 소식을 기고했어. 그 칼럼을 본 자원자들이 영국, 프랑스, 독일, 미국 등 7개국에서 인권 운동을 시작했어. 영국 런던에 본부가 있고, 약 150여 개국에 80여 지부와 110여 개 이상의 지역 사무실을 두고 있지.

'모든 사람이 차별받지 않고 인간다운 권리를 누릴 수 있는 세상을 만들기 위해 행동한다'는 걸 목표로 한 비정부 기구(NGO)로 국적, 인종, 신앙이나 정치적 이념과 경제적 이익으로부터 독립적으로 활동해. 그렇기 때문에 정부 기관의 지원은 일절 받지 않고 있어.

국제엠네스티는 정치적·종교적 또는 기타 양심에 입각한 신조 때문에 억압받거나 인종, 피부색, 언어, 성 등의 이유로 억압받는 양심수의 석방과 인권 보호를 위해 노력해. 1962년부터는 매년 각국의 인권 상황을 보여 주는 인권 실태 보고서를 발간하고 있어. 1977년에는 양심수 석방 운동에 관한 노력과 공로를 인정받아 노벨 평화상과 유엔 인권상을 받았어.

우리나라에는 1972년에 한국지부가 설립되었어. 1987년 1월 서울대학교 학생 박종철이 경찰의 고문으로 사망하자 국제엠네스티는 특별 성명을 발표하고 한국 정부에 대하여 어떤 상황에도 구금자에게 고문이나 가혹 행위를 금지할 것을 촉구하기도 했고, 한국 정부에 국가 보안법 폐지, 사형제 폐지 등을 요구했어.

5장
자람 어린이 신문

마지막 신문부 회의

현수가 수업을 마치자마자 신문부 회의실로 향했다. 오늘은 이번 달 신문 발행 전 마지막 신문부 회의가 있는 날이다.

"이쪽으로 앉아."

자영이가 현수에게 자기 옆에 있는 의자에 앉으라고 손짓했다. 신문부는 평소와 달리 조용했다. 모두 인주의 눈치를 보느라 큰 소리로 떠들지 못하는 듯했다.

"자, 이번 달 신문에 실을 내용을 이야기해 보자. 먼저 전교 어린이 회의 관련 기사는 '이달의 소식'으로 간추리기로 했지?"

편집장이 말문을 열었다.

"네, 그건 제가 간추렸어요."

정민이가 인쇄해 온 기사를 편집장에게 전달했다.

"자영이는 남녀 차별과 인권에 대한 이야기를 쓴다고 했지?"

"네, 우리 학교에서 있었던 성차별에 대한 내용을 인권과 연결해서 써 봤어요."

자영이가 기사를 편집장과 다른 기자들에게 나눠 주었다.

"우아, 간결하고 좋다."

"읽으면 찔릴 만한 학생들도 많겠는데."

다른 기자들 칭찬에 자영이가 기분 좋은 듯 웃음을 보였다.

"저는 장애인 인권에 대해 취재했어요. 장애인에 대한 편견과 우리 학교에 있는 장애인 시설은 문제가 없는지 살펴봤어요."

"오, 잘했네."

편집장 칭찬에 현수는 우쭐했다.

"나는 최근 신설된 어린이 인권 관련 기관의 전문가를 취재했어. 우리들이 인권 침해를 받아도 어디에, 어떻게 도움을 청해야 하는지 모르잖아. 그런 경우의 안내문과 전문가의 말을 함께 실었어."

편집장은 자신이 준비해 온 기사를 모든 기자들에게 나누어 주었다.

우리의 인권, 스스로 지킬 비법 전수.
인권 침해, 가만히 있지 말자!

우리의 인권, 우리 스스로 지킬 수 있다.

어린이와 청소년이 자신의 인권이 침해당했다고 생각되면 각 시 전문가를 통해 어려움을 해결할 방안이 생겼다. 인천시 동구는 아동 권리 지킴이 '옴부즈퍼슨'을 위촉해 어린이와 청소년의 대변인으로 활동할 전문가를 뽑았다. 이에 따라 어린이들은 '유엔 아동 권리 협약'과 '유니세프 아동 친화 도시 10가지 원칙'에 따라 권리를 침해당하지 않도록 사전에 보호받을 수 있다.

경기도 수원시는 '청소년 육성 전담 공무원'을 채용해 어린이들이 무엇을 원하는지 파악하고 공감할 수 있는 정책을 전문적으로 만들게 됐다. 서울 강서구청은 어린이가 휴대 전화를 이용해 권리 침해를 신고할 수 있는 '모바일 어린이 구청'을 개설했다. 휴대 전화를 이용해 직접 신고하고 도움을 받을 수 있다. 전담 공무원들은 신고가 접수되면 문제를 해결하고 필요한 경우 현장에 직접 출동한다. 홈페이지 '아동 권리 홍보관' 메뉴를 통해 학교, 가정 폭력과 같은 권리 침해를 신고할 수 있다. 14세 이상은 보호자 동의 없이도 가능하다.

"재미있어요. 몰랐던 이야기예요."

"그러게요. 우리의 인권을 침해받지 않도록 스스로 방어할 수 있는 방법이 있었네요."

"1면에 넣어도 좋을 것 같은데요."

편집장은 이번 호에도 다른 기자들이 알지 못했던 좋은 내용을 취재해 호응을 얻었다.

"아니, 이것보다 더 좋은 1면 특종이 있어."

"더 좋은 기사요?"

편집장 말에 기자들이 고개를 갸웃거렸다. 편집장이 종이를 한 장씩 나누어 주었다. 신문부 기자들은 종이를 받아 들고 놀란 듯 한 마디씩 했다.

"어머!"

"세상에!"

신문부 기자들은 동시에 인주를 바라보았다.

"이번 호 1면은 인주구나!"

"3학년이 1면을 차지하다니. 대단하네."

자영이가 고개를 숙이고 있는 인주 어깨를 툭 쳤다.

"기사 쓰느라 고생했겠는데?"

현수가 인주를 보며 따뜻하게 말했다.

인주가 그제야 고개를 들고 다른 기자들을 바라보았다. 인주의 두 눈에 눈물이 그렁그렁 고여 있었다.

자람초 왕따 사건 발생……
나의 행동이 인권을 침해할 수 있다

자람 초등학교에서 인권 침해 사례가 발생했다.

최근 3학년 한 학급에서 다문화 가정의 자녀라는 이유로 친구를 따돌리는 사건이 발생했다. 가해자는 친구가 다문화 가정의 자녀라는 사실을 먼저 밝히지 않았기 때문에 따돌린 것이라고 밝혔다.

피해자는 "다문화 가정이라는 게 왕따당할 이유라고 생각하지 않는다"며 "친구가 날 외면할 때 정말 속상했다. 죽을 만큼 힘들고 다른 학교로 전학을 가고 싶었다"고 털어놓았다.

가장 큰 문제는 가해자가 자신의 행동이 친구의 인권을 해치는 일인 줄 몰랐다는 데 있다. 하지만 잘못된 행동인 줄 몰랐더라도 그 잘못이 정당화될 수 없기 때문에 가해자는 '이유 없이 친구를 따돌렸다'는 비난과 함께 그에 따른 벌을 면하기 어렵게 됐다.

가해자는 "내 행동이 친구에게 큰 상처가 되리라고는 미처 생각하지 못했다. 진심으로 반성한다. 친구에게 미안하다. 그로 인한 벌은 달게 받겠다"고 말했다.

[극과 극 인터뷰]

	가해자	피해자
원인	친구가 거짓말했다고 생각했다.	감추고 싶은 비밀을 말하지 않은 것뿐이다.
행동	친구의 비밀을 공개했다. 친구와 거리를 뒀다.	비밀이 공개됐다. 모두가 나를 보고 수군거렸다. 모든 시간 혼자가 됐다.
감정	큰일이라고 생각 안 했다.	왕따를 당한 후 자신감을 잃었다. 세상에 혼자 있는 느낌이었다. 지울 수 없는 큰 상처를 받았다.
심경	일부러 그런 건 아니다. 진심으로 미안하다.	학교에 오는 게 무섭고 힘들다. 나도 똑같은 친구고 사람이다. 다시 친구를 사귀는 일이 무섭다.

한편 1388청소년사이버상담센터(www.cyber1388.kr)와 푸른나무재단(www.btf.or.kr)처럼 따돌림을 겪는 학생을 도와주는 상담 센터가 많이 있다. 만약 따돌림을 받아 자신의 인권이 침해받았다고 느껴질 때는 주저하지 말고 주변에 도움을 구해 적극적으로 해결해 나가야 할 것이다. 또한 내가 무심코 저지른 행동으로 상처받는 사람은 없는지 점검해 볼 필요가 있을 것이다.

"극과 극 인터뷰를 보니 무심코 한 행동으로 피해자가 받은 상처와 인권 침해가 잘 느껴진다. 그런데 이 기사를 내보낸 후에 네가 가해자라는 게 밝혀질 수도 있는데 괜찮겠어?"

"많이 힘들 수도 있어."

자영이와 현수가 인주를 보며 말했다.

"알아요. 그래도 책임을 져야 한다고 생각해요."

인주가 묵묵히 대답했다.

"그 친구에게는 사과했어? 화해한 거야?"

"사과했어요. 친구도 괜찮다고 했지만 제가 앞으로 많이 노력해야 할 것 같아요."

인주가 잠시 깊게 숨을 내쉰 후 말을 이었다.

"제가 잘못된 생각을 하고 있었어요. 다문화 가정인 게 무슨 상관이라고. 저도 모르게 무시하고 싶었나 봐요. 그 친구가 공부도 잘하고 당당해서 샘이 났는지도 모르겠어요. 다문화 가정인 게 잘못이 아닌데 그런 이유로 친구를 못살게 군 건 잘못이에요. 제가 나빴어요."

인주 말에 기자 모두가 고개를 끄덕였다.

오늘의 신문

"이번 호도 멋지게 잘 나왔는걸."

현수가 자람 초등학교 어린이 신문을 보며 만족스러운 미소를 보였다.

"이 신문이면 자람 초등학교 학생 모두 인권 박사가 될 거야."

자영이도 신문을 살펴보며 말했다.

"사실 이번에 인주 사건을 겪으면서 나도 생각이 많아졌어. 반성도 했고."

자영이가 현수를 바라봤다. 현수가 말을 이었다.

"인권이라는 게 성별이나 태어난 배경, 장애에 상관없이 모두가 존중받으며 살아가야 한다는 거잖아. 처음 인권에 대해 알고 나니 내 권리를 침해받은 것이 없나 생각하게 되더라고. 그런데 인주를 보면서 내가 다른 사람의 인권을 침해한 적은 없었나 하는 생각이 들었어. 내 인권이 중요한 만큼 다른 사람의 인권도 중요한 거니까."

현수 말에 자영이가 고개를 끄덕였다.

"나도 마찬가지야. 내가 존중받고 보호받아야 한다면 다른 사람도 같은 권리가 있잖아. 모두가 함께 존중받고 차별받지 말아야 한다는 생각이 들었어."

"그나저나 내 기사는 언제 1면에 실려 보려나?"

현수가 낮게 한숨을 내쉬었다.

"부지런히 찾다 보면 언젠가는 쓰겠지. 우리 이럴 때일수록 더 열심히 뛰자고!"

현수와 자영이는 마주 보며 웃었다.

부록

생각이 톡톡!

▶ 다음은 우리 주변에서 일어나는 일들이에요. 글을 읽고 물음에 답하며 인권에 대해 조금 더 깊게 생각해 보세요!

등급에 의한 차별

정민이는 요즘 학교에 가는 재미없어요. 최근에 담임 선생님이 만든 규칙 때문이죠. 담임 선생님은 얼마 전부터 무지개 색깔로 반 아이들을 평가하기 시작했어요. 빨간색 주황색 노란색 초록색 파란색 남색 보라색으로 나누어 색깔에 따라 앉는 자리도, 급식을 받는 순서도 달랐지요.

정민이도 처음엔 빨간색이었어요. 하지만 수업 시간에 조금만 떠들어도 주황색, 노란색으로 떨어졌죠. 며칠 전에는 준비물을 깜빡한 바람에 바로 보라색이 되었어요.

반 아이들은 빨간색 등급으로 오르기 위해 너도나도 노력하고 있어요. 덕분에 수업 시간에도 무척 조용하고, 숙제를 안 해 오는 아이들도 줄었어요. 모범생 반이 되어 가고 있죠.

하지만 정민이는 학교만 오면 가슴이 답답하고, 등급이 떨어질까 봐 조마조마해요. 정민이는 학교가 정말 재미없어요.

Q. 뉴스에서 이와 비슷한 사건을 본 적 있나요? 여러분은 정민이 반에서 이루어지는 등급제에 대해 어떻게 생각하나요?

....

....

Q. 성적이나 태도로 학생을 차별하는 일은 정당할까요?

....

....

Q. 정민이의 반이 어떻게 변하면 좋을까요?

....

....

....

정보화 사회 인권의 문제

다영이는 요즘 고민이 생겼어요. 단짝인 민지 때문이죠. 민지와 다영이는 언제나 함께 놀고 커플 액세서리도 할 만큼 친해요. 하지만 요즘 다영이는 민지 때문에 당황스럽고 화날 때가 많아요. SNS(소셜 네트워크 서비스) 때문이에요. 민지는 다영이와 나눈 대화 내용이나 함께 찍은 사진을 상의도 없이 자신의 SNS에 올려요.

다영이가 "내 사진은 올리지 않았으면 좋겠어."라고 부탁하면 민지는 "다들 올리는데 뭐가 어때서 그래."라고 말하지요.

얼마 전에는 민지가 다영이가 이상하게 나온 사진을 귀엽다며 올렸어요. 그 사진을 보고 모르는 아이들까지 "뚱뚱하다" "못생겼다" 등 다영이 마음을 다치게 하는 댓글을 써 놓았죠.

다영이는 자신의 허락 없이 사진을 올리는 민지에게도 서운하지만 알지도 못하는 아이들이 자신에게 나쁜 댓글을 쓰는 것도 화가 나요.

Q. 민지의 행동을 어떻게 생각하나요?

....

....

Q. 정보화 사회에 다른 이의 동의 없이 사진이나 글귀를 사용하는 일을 어떻게 생각하나요?

....

....

Q. 신분이 공개되지 않는 SNS에서 다른 사람을 공격하는 행위에 대해 여러분은 어떻게 생각하나요?

....

....

전쟁 없는 세상에서 살 권리

수만이는 얼마 전 뉴스에서 본 사진 때문에 잠을 못 이루고 있어요. 수만이 또래인 아이가 총을 들고 있는 사진이었지요.

그 사진은 3년째 내전이 이어지는 예멘의 실제 모습이었어요. 자신과 비슷한 나이로 보이는 소년이 초점 없는 눈으로 총을 들고 있었죠. 예멘 아이들은 전쟁이 싫다고 싸우기 싫다고 말했지만 아이들을 잡아가 병사로 키운 사람들은 아이들에게 총을 쏘게 시켰어요.

수만이는 그 뉴스를 본 후 전쟁터로 끌려가는 꿈을 몇 번이나 꾸었어요. 꿈속에서 수만이는 전쟁터 한가운데에서 소년 병사들과 함께 도망을 다녀요. 그러다 땀범벅된 채로 깨어나곤 했죠.

수만이는 대한민국이 북한과 휴전 중이라는 이야기를 들었어요. 그래서 예멘 소년 병사의 일이 다른 나라 일처럼 느껴지지 않았죠.

Q. 예멘이나 콩고, 시리아 등 내전 중인 국가에는 어린 소년 병사가 있어요. 어떻게 생각하나요?

....

....

Q. 소년병뿐 아니라 전쟁을 겪는 국가의 아이들은 인근 국가에서 난민으로 어렵게 살고 있습니다. 그 아이들에게 필요한 것은 무엇일까요?

....

....

Q. 전쟁에 시달리거나 가난에 허덕이는 아이들을 위해 우리가 할 수 있는 일이 있을까요?

....

....